Das WAR QUIZ

Das kleine Antwortbuch

ab 6 Jahren

Illustration: Ivanke & Lola

moses.

21, Rue du Montparnasse
75006 Paris
Titel der Originalausgabe:
Le Quiz des Pourquoi

30. Auflage 2025

moses. Verlag GmbH
Arnoldstraße 13d
47906 Kempen
Fon 0 2152 - 2098 50
Fax 0 2152 - 2098 60
Mail info@moses-verlag.de
www.moses-verlag.de

ISBN: 978-3-89777-695-1

Text: Élisabeth Marrou
Illustrationen: Ivanke & Lola
Übersetzung: Eva Winkelmann
Lektorat: Elke Vogel
Satz: Kirsten Küsters, PrePressPro
Produktmanagement: Britta Inhestern
Herstellung: Linda Dörk

Printed in China

Das WARUM QUIZ

Das kleine Antwortbuch

ab 6 Jahren

moses.

Das **Warum-Quiz** besteht aus 100 Karten, die jeweils eine Frage enthalten sowie einen Hinweis auf die Seite des Buches geben, auf der die richtige Antwort zu finden ist. Die Karten sind in sieben Kategorien eingeteilt:

 Tiere

 Die Umwelt

 Wissenschaft und Entdeckungen

 Redewendungen

 Die Erde

 Der menschliche Körper

 Die Natur

Das Buch, das ihr in den Händen haltet, enthält die Spielregeln sowie die richtigen Antworten auf die Quizfragen. Ebenso findet ihr hier spannende Zusatzinformationen, die die Antworten ergänzen.

Inhalt

Spielregeln

Anzahl der Spieler: 2 bis 5
Alter: ab 6 Jahren

Ziel des Spiels
Alle Spielkarten ablegen und möglichst viele Punkte sammeln.

Das Spiel
Jeder Spieler zieht eine Karte aus jeder der sieben Kategorien und legt diese Karten verdeckt vor sich auf den Tisch. Der jüngste Spieler beginnt. Er deckt eine beliebige Karte auf und gibt bekannt, ob es sich um eine **Solo-** oder **Chance-Karte** handelt. Dann liest er laut die Frage auf der Karte vor.

Handelt es sich um eine Solo-Karte, darf nur der Spieler selbst die Antwort geben. Nachdem er die Frage beantwortet hat, gibt er an, auf welcher Seite im Buch die richtige Antwort steht. Ein Mitspieler kontrolliert die Antwort.

- **Ist die Antwort richtig**, darf der Spieler die Karte behalten und legt sie auf einen Stapel vor sich. Das ist sein Jackpot.
- **Ist die Antwort falsch**, legt er die Karte in die Mitte auf einen Gemeinschaftsstapel. Dann zieht er eine neue Karte aus derselben Kategorie (falls vorhanden, ansonsten aus einer anderen Kategorie) und legt diese zu seinen anderen Karten verdeckt vor sich hin.

Danach darf der links von ihm sitzende Spieler eine Karte aufdecken.

Handelt es sich um eine **Chance-Karte**, dürfen alle Spieler antworten.

Achtung! Es ist nicht erlaubt, eine Antwort zu geben, bevor die Frage vollständig vorgelesen wurde. Wenn ein Spieler zu schnell antwortet, muss er eine zusätzliche Karte derselben Kategorie ziehen.

- Gibt der Spieler, der zuerst antwortet, die **richtige Antwort**, gewinnt er die Chance-Karte und legt sie in seinen Jackpot.
- Gibt er eine **falsche Antwort**, muss er die Chance-Karte auf den Gemeinschaftsstapel legen und eine neue Karte ziehen.

Diese Karte legt er zu seinen anderen Karten verdeckt vor sich hin.

Danach ist der Spieler links von demjenigen, der die Chance-Karte aufgedeckt hat, an der Reihe.

Antworten mehrere Spieler gleichzeitig, gilt Folgendes:

- Sofern mehrere Spieler gleichzeitig die richtige Antwort geben, erhält keiner von ihnen die Karte und sie ist auf den Gemeinschaftsstapel zu legen. Dann ist als Nächstes der Spieler dran, der links von demjenigen sitzt, der die Chance-Karte gezogen hat.
- Geben mehrere Spieler gleichzeitig eine falsche Antwort, muss jeder von ihnen eine neue Karte ziehen.

Ende des Spiels

Das Spiel ist beendet, wenn einer der Spieler keine Karten mehr vor sich liegen hat. Dann zählt jeder Spieler die Anzahl der Punkte, die er in seinem Jackpot angesammelt hat: Jede Solo-Karte ist einen Punkt wert, jede Chance-Karte zwei Punkte.

- Hat derjenige Spieler, der zuerst keine Karten mehr hatte, auch die meisten Punkte gesammelt, gewinnt er das Spiel!
- Ist dies nicht der Fall, hat er die Möglichkeit, auf alle Karten eines anderen Spielers seiner Wahl zu antworten, die noch nicht aufgedeckt worden sind (Solo-Karten und Chance-Karten), und so sein Spielergebnis zu erhöhen. Der ausgewählte Spieler stellt ihm eine Frage nach der anderen von den ihm verbliebenen Karten.

Achtung! Der Spieler, der zuerst keine Karten mehr hat, darf als Einziger auf die Fragen antworten, auch wenn es sich um Chance-Karten handelt! Er fügt danach die Karten, auf die er richtig geantwortet hat, zu seinem Jackpot hinzu und legt die Karten, auf die er falsch geantwortet hat, auf den Gemeinschaftsstapel.

Anschließend berechnet er seinen neuen Punktestand und vergleicht ihn mit dem der anderen Spieler.

Dieses Mal gewinnt der Spieler mit der höchsten Punktzahl.

Tiere

❷ Weil sie atmen

Wie der Mensch braucht auch der Fisch Sauerstoff zum Leben. Er öffnet sein Maul, um Wasser aufzunehmen, dann schließt er es wieder und presst das Wasser durch seine Kiemen, die seine „Lungen" sind. Dort nimmt das Blut den Sauerstoff aus dem Wasser auf und gibt das Kohlendioxid ab. Das Wasser kommt wieder heraus – und das Ganze beginnt von vorne!

Weil sie Winterschlaf halten: Sie leben in Zeitlupe.

Schlafen! Das ist die Lösung, die bestimmte Tiere gefunden haben, um der Kälte des Winters und dem Mangel an Futter zu entgehen. Die Atmung und der Herzschlag verlangsamen sich. Die Tiere bewegen sich nur wenig, um keine Energie zu verschwenden. Um sich auf den Winterschlaf vorzubereiten, fressen manche Tiere vorher besonders viel.

Weil das Pferd immer auf der Hut ist

Das Pferd kann seine Gelenke blockieren. So kann es im Stehen schlafen, ohne das Gleichgewicht zu verlieren! Sein Schlaf ist nur leicht, es hört Geräusche und bleibt auf der Hut. Deshalb schläft es nur nachts auf der Seite liegend, wenn es sich sicher fühlt. Wenn mehrere Pferde zusammen sind, wechseln sie sich mit dem Schlafen ab: Ein Pferd bleibt immer wach!

❷ Weil ihnen warm ist

Hunde strecken die Zunge heraus, um sich abzukühlen. Weil sie nur wenig schwitzen (nur unter den Pfoten und an der Spitze der Schnauze), steigt ihre Temperatur schnell an. Um sie zu senken, atmen sie schneller. Indem Hunde die Zunge herausstrecken und hecheln, bekommen sie frische Luft in die Lunge. Das erfrischt ihren Speichel, der die Zunge erfrischt, die das Blut erfrischt, das den Körper erfrischt ...

❸ Weil sie einen Feind beeindrucken will

Katzen machen einen Buckel, um ihre Widersacher zu erschrecken. Wenn sie Gefahr verspüren oder einen Feind nahen sehen, sträuben Katzen ihr Fell und fahren ihre Krallen aus, damit sie größer und gefährlicher wirken. Sie können sogar knurren oder spucken.

Schon gewusst?
Die Katze gehört zur Familie der Raubkatzen, genau wie der Löwe!

❷ Um sich besser verstecken zu können

Der Tiger hat Streifen, damit er mit seiner Umgebung verschmelzen kann. Die Streifen sind seine Tarnung! Sein Fell, das gelb-orange bis braun ist und schwarze Streifen hat, ermöglicht es ihm, unentdeckt zu bleiben. Er passt sich so dem Dickicht des Dschungels an, in dem er lebt. Wusstest du, dass jeder Tiger unterschiedliche Streifen hat?

❶ Weil sie fleißig sind

Ameisen leben in Kolonien, in denen die Ameisenkönigin die Chefin ist. Unzählige Arbeiterinnen arbeiten ohne Unterlass: Einige bewachen den Ameisenhaufen, andere reinigen ihn. Manche sind dafür zuständig, Pflanzensamen zu sammeln, andere sorgen dafür, dass diese gelagert werden. Die Ammen-Ameisen kümmern sich um die Larven. Es gibt immer etwas zu tun im Ameisenhaufen!

Um Insekten zu fangen, die sie später fressen

Einige Spinnenarten weben Netze, andere nicht! Die Webspinne produziert Fäden aus Seide, die mal mehr, mal weniger trocken oder klebrig, aber immer stabil sind! Ohne sich zu bewegen lauert die Spinne ihrer Beute auf. Eine Fliege tappt in die Falle? Fertig ist das Festessen!

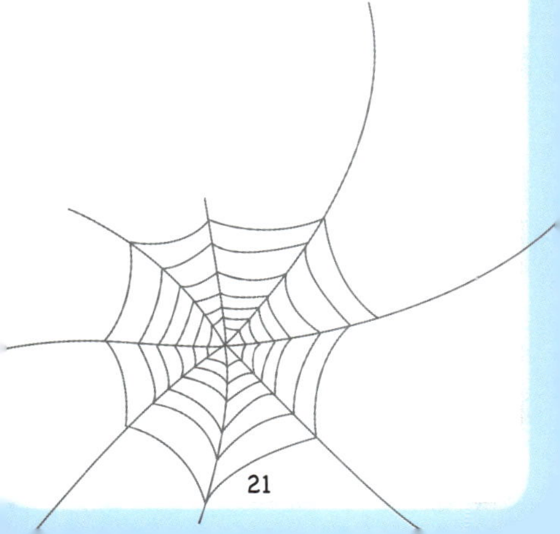

Weil sie viele Beine haben!

Insekten haben sechs, Spinnen haben acht und Schnecken haben gar keine Beine. Der Tausendfüßler jedoch hat sehr viele Beine: 100, 200 ... Doch auch wenn er nicht 1.000 Beine hat, so sagt sein Name doch, dass es viele sind.

Der Rekord? Ein Tausendfüßler aus Kalifornien mit 752 Beinen!

❷ Weil sie wiederkäut

Die Kuh grast: Sie frisst die Grashalme, ohne sie zu zerkauen, und so wandern die Halme in den ersten von vier Mägen, den sogenannten Pansen. Dort wird das Gras nach und nach zu Brei verarbeitet. Die Kuh befördert alles wieder zurück in ihr Maul und beginnt erneut zu kauen! Man nennt das Wiederkäuen. Wird der Grasbrei wieder hinuntergeschluckt, wandert er durch die Speiseröhre, die restlichen drei Mägen ... Dann ist alles verdaut, und in der ganzen Zeit hat die Kuh nicht aufgehört zu kauen!

Um das Schaffell zu nutzen und damit das Tier sich wohler fühlt

Zu langes Schaffell wird nämlich schnell nass und dreckig. Es kann sogar schimmeln, wodurch Parasiten angezogen werden. Man schert daher die Schafe mindestens einmal im Jahr, und zwar im Frühling. Doch sei beruhigt, es friert nicht!

❸ Um sich leichter verstecken zu können

Das Chamäleon ändert seine Farbe, weil es nicht entdeckt werden will! Damit die Insekten, die es fangen möchte, sich ihm nähern, nimmt das Chamäleon die Farbe der Blätter des Baumes an, auf dem es sich versteckt. Das Insekt nähert sich ohne Misstrauen dem Chamäleon und – zack! – wird es gefangen. Die lange, klebrige Zunge schnellt hervor – und das Spiel ist verloren!

Um sich hoch oben von den Bäumen ernähren zu können

Die Giraffe lebt in der afrikanischen Savanne und frisst Blätter, Früchte und kleine Zweige. Sie kann mehr als fünf Meter groß werden. Das ist praktisch, um Baumwipfel erreichen zu können und in einer Gegend zu überleben, die sehr trocken ist und in der wenig Gras wächst! Giraffen brauchen 80 kg Futter am Tag, das entspricht ungefähr dem Gewicht eines Mannes.

❷ Weil sie Ungeziefer sind

Läuse sind Parasiten, die sich auf dem Kopf einnisten. Mit Shampoo, Spray gegen Parasiten und feinen Kämmen kann man die Läuse und ihre Larven, die man Nissen nennt, vernichten. Eine übersehene Nisse in deinen Haaren wird am nächsten Tag zu einer Laus – und die Geschichte beginnt von vorne!

Die Umwelt

Um die Abfälle sortieren und recyceln zu können

Man stellt mehrere Mülleimer auf, um die Abfälle zu sortieren. Sortieren, das bedeutet nicht wirklich wegschmeißen: Die Produkte werden wiederverwertet und umgewandelt. Das wird als Recycling bezeichnet. Das Recyceln von Getränkedosen ermöglicht zum Beispiel die Gewinnung von Metall zur Herstellung ... eines Fahrrads! Die Wiederverwertung von Zeitungen macht es möglich, Blätter aus recyceltem Papier herzustellen ...

Weil Süßwasser rar und kostbar ist

Die Erde ist bedeckt mit einer großen Menge Wasser (den Ozeanen), aber dieses Wasser ist Salzwasser. Der Mensch jedoch braucht Süßwasser zum Trinken oder um die Pflanzen zu bewässern ... Man sollte daher auch im Alltag Wasser sparen, zum Beispiel durch das Zudrehen des Wasserhahns beim Zähneputzen!

❷ Weil sie extrem umweltschädlich sind

Umweltschädlich bedeutet, dass der Planet Erde verschmutzt wird. Nachdem Abfälle eingesammelt wurden, werden sie verbrannt oder vergraben. Das Verbrennen von Batterien verursacht Gase, die schlecht sind für die Gesundheit. Wenn man sie vergräbt, verschmutzen Batterien die Wasserreserven unter der Erde. Indem man die Batterien in einen dafür vorgesehenen Mülleimer wirft, vermeidet man diese schlimme Verschmutzung. Sie werden dann gesäubert und wiederverwendet. Schau genau hin, es gibt Sammelpunkte in bestimmten Geschäften oder in den Rathäusern.

Weil ein voller Bus mehr Fahrgäste transportieren kann als ein Auto. Und ein einzelner Bus verschmutzt weniger die Umwelt als mehrere Autos. Logisch!

Autos und Busse verschmutzen die Luft. Aber in einen Bus passen viel mehr Menschen als in ein Auto. Wenn jeder Fahrgast aus dem Bus sein eigenes Auto nehmen würde, gäbe es aufgrund der zahlreichen Autos noch viel mehr Verschmutzung!

Weil dies ein für Fahrräder reservierter Weg ist

Mit dem Fahrrad in einer großen Stadt zu fahren, kann manchmal gefährlich sein. Dennoch: Im Gegensatz zum Auto verschmutzt das Fahrrad nicht die Umwelt! Damit die Leute Lust bekommen, ihr Fahrrad häufiger zu benutzen, wurden „geschützte" Wege eingerichtet. Diese sind mit einem aufgemalten Fahrrad gekennzeichnet. Das sind die Fahrradwege.

Um Kompost herzustellen

Papa sammelt die Schalen von unseren Tellern ein, um einen natürlichen Dünger herzustellen, den Kompost. Das bedeutet, dass er hinten im Garten dasselbe macht, was sich auch auf natürliche Weise im Wald abspielt: Die toten Blätter verfaulen auf dem Boden und werden von Würmern, Bakterien und Pilzen befallen. Das Gleiche passiert im Komposthaufen! Apfel- und Eierschalen, Kaffee ... auch aus ihnen entsteht Dünger.

❸ Weil sie sich vor den Abgasen schützen möchten

Die vielen Autos in den Großstädten dieser Welt verströmen Abgase, die die Luft verschmutzen. Wenn man mit dem Fahrrad fährt, strengt man sich an und atmet ganz tief ein – und zwar direkt neben den Autos! Die Maske ist eine Atemschutzmaske: Sie filtert zwar nicht alle Gase heraus, aber immerhin einen großen Teil davon. Das ist besser für die Lungen!

Weil diese Tüten zwar sehr praktisch, aber auch sehr umweltschädlich sind!

In der freien Natur, vom Wind davongetragen, benötigen Plastiktüten mehr als 200 Jahre, um zu Staub zu zerfallen. Mittlerweile bevorzugen Händler und Kunden zum Einkaufen wiederverwendbare Taschen oder Körbe, um so den Planeten zu schützen.

❶ Weil Bäume Sauerstoff produzieren

Man pflanzt Bäume in den Städten, um die Luftqualität für die Einwohner zu verbessern. Der Mensch braucht zum Leben Sauerstoff. Er selbst hingegen fabriziert ein „schlechtes" Gas, das Kohlendioxid. Der Baum nimmt das Kohlendioxid auf und wandelt es um ... in Sauerstoff! Bäume zu pflanzen ist also gut für die Lungen des Menschen!

❸ Weil jede der beiden Drückertasten ihren eigenen Nutzen hat

Eine der Drückertasten ist dafür da, wenn man Pipi gemacht hat. Sie spült die Toilettenschüssel mit wenig Wasser (entspricht der Menge von zwei Flaschen Wasser). Die andere Drückertaste ist dafür da, wenn man „sein großes Geschäft" gemacht hat (entspricht der Menge von vier Flaschen Wasser). Wie bei den anderen Wasserhähnen im Haus auch, ist das Wasser, das aus der Toilettenspülung kommt, Süßwasser. Das verschwendet man nicht! Es liegt an dir, die richtige Drückertaste zu wählen!

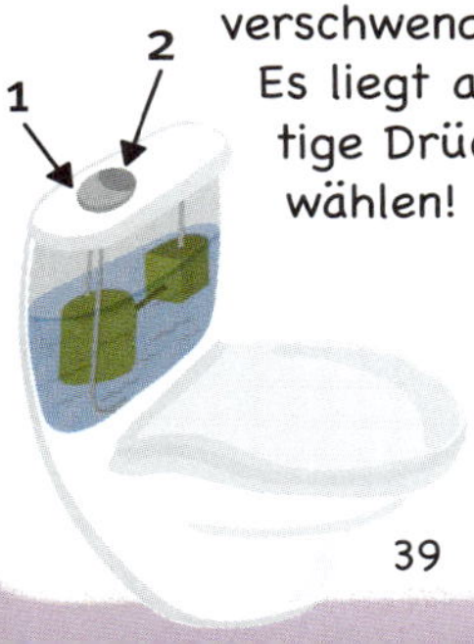

Weil die saisonalen Früchte ganz in deiner Nähe wachsen

Wenn man Kindern „Früchte der Saison" zu essen gibt, achtet man nicht nur auf die Gesundheit der Kinder durch eine ausgewogene Ernährung, sondern auch auf die Gesundheit der Erde. Köche servieren bevorzugt Birnen und Äpfel, die in den Obstplantagen deiner Region geerntet wurden, anstelle von Früchten aus fernen Ländern, die mit dem Flugzeug transportiert wurden. Eine Reise mit dem Flugzeug ist teuer und verschmutzt die Erde!

❷ Weil es ein Produkt ist, das im Einklang mit der Natur hergestellt wurde

Wenn ein Landwirt Getreide auf einem Feld anbaut, muss er es vor bestimmten Krankheiten schützen. Dafür benutzt er chemische oder biologische Produkte. „Bio" bedeutet, dass der Landwirt ausschließlich biologische Produkte gewählt hat. So wurde Biofleisch von einem Züchter geliefert, der sein Vieh nur mit natürlichem Futter ernährt. Ein biologisches Produkt – oder abgekürzt auch Bio-Produkt – ist ein Produkt, das Tiere und Umwelt respektiert.

❸ Weil sie Wind in Elektrizität umwandeln

Diese großen Windmühlen, die regelmäßig auf Feldern aufgebaut werden, heißen Windräder. Die drei großen Flügel ganz oben am Mast drehen sich dank des Windes. Eine Maschine wandelt diese Bewegung in Elektrizität um. Man verteilt diese elektrische Energie, indem man die Windräder durch Kabel mit einem Haus oder einem Dorf verbindet. Praktisch!

❶ Um die Haut vor schädlicher Sonnenstrahlung zu schützen

Die Sonne ist Freund und Feind in einem! Ihr Licht ist für den Menschen unverzichtbar, aber bestimmte Strahlen sind gefährlich! Insbesondere zwischen 12 Uhr und 16 Uhr sollte man sich nicht der Sonne aussetzen und eine Sonnencreme benutzen, die die Haut vor den schädlichen Strahlen und vor Verbrennungen schützt. Man muss nicht auf die Sonne verzichten, aber man sollte sich vor ihr schützen.

Wissenschaft und Entdeckungen

❷ Weil das Glas gerundet ist

Dieses speziell angefertigte Glas nennt sich Linsenglas. Es vergrößert das beobachtete Objekt, so wie das Glas einer Brille. Um beispielsweise den Körper eines Insekts besser beobachten zu können, kann man das Insekt näher an das Auge heranführen. Um es noch besser sehen zu können, kann man eine Lupe benutzen. Dank ihres leicht gerundeten Glases vergrößert die Lupe das beobachtete Insekt.

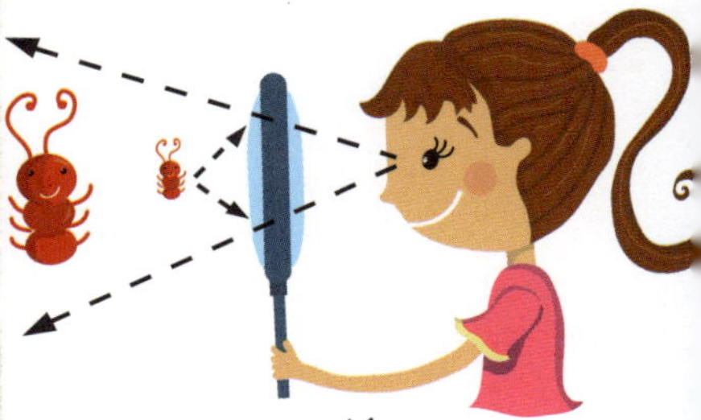

❶ Weil es von der Dichte des Objekts abhängt

Aber was ist das, die Dichte? Um auf einer Waage 1 kg Federn zu haben, muss man einen sehr großen Sack damit füllen. Aber für 1 kg Blei reicht ein kleiner Sack. Der große Sack mit den Federn treibt auf dem Wasser, der kleine Sack gefüllt mit Blei hingegen geht unter. Bei gleichem Gewicht treibt ein Gegenstand mit großem Volumen auf dem Wasser und ein Gegenstand mit kleinerem Volumen geht unter. Das ist die Dichte eines Objekts!

Glühbirnen leuchten, weil Strom durch die elektrischen Leitungen fließt

Glühbirnen leuchten nicht, wenn kein Strom fließt. Ein elektrischer Stromkreis ist wie eine Straße mit einer Hebebrücke. Steht der Schalter auf „Ein", ist es so, als wäre die Brücke heruntergelassen und der Weg für den Strom ist nicht unterbrochen: Die Glühbirne leuchtet. Steht der Schalter auf „Aus", ist es so, als wäre die Brücke hochgezogen und der Weg ist unterbrochen: Der Strom kann nicht fließen.

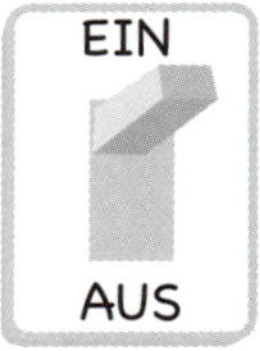

2 Weil warme und feuchte Luft auf den kalten Spiegel trifft

Wenn man eine heiße Dusche nimmt, beschlägt der Spiegel im Badezimmer: Die Luft des Raumes nimmt die Feuchtigkeit auf und es entsteht Wasserdampf. Wenn dieser Dampf auf den kalten Spiegel trifft, setzt er sich in Form von feinen Tröpfchen ab: Dies wird als Kondensation bezeichnet. Man sagt: Der Spiegel ist beschlagen.

❶ Weil die beiden Ballons nicht mit demselben Gas gefüllt wurden

Mein Luftballon steigt höher, weil er mit Helium gefüllt ist. Helium ist ein Gas, das leichter ist als Luft. Man könnte sagen, der mit Helium gefüllte Ballon „schwebt“. Lou hat ihren Ballon selbst aufgeblasen. Er ist jetzt gefüllt mit Atemluft, die Kohlendioxid enthält und somit schwerer ist als die Luft, die uns umgibt. Lous Ballon wird schnell wieder auf den Boden sinken ...

❸ Weil die Kohlensäure entwichen ist

Damit ein Wasser sprudelt, wird es während der Herstellung mit Kohlensäure angereichert. Die Kohlensäure löst sich in der Flüssigkeit auf und man sieht sie nicht mehr! Wird die Flasche geöffnet, formen sich kleine Bläschen und die Kohlensäure entweicht nach und nach. Verschließe daher den Deckel gut, nachdem du getrunken hast, sonst sprudelt dein Getränk nicht lange!

❷ Weil mein Körper die Sonnenstrahlen blockiert

Die Sonne schickt Sonnenstrahlen auf die Erde. Wenn das Licht bei dir ankommt, wird es von deinem Körper aufgenommen. Er formt eine Barriere, die das Licht der Sonne nicht zu durchbrechen vermag. Der Schatten ist also der Bereich, wo das Licht nicht hinkommt. Dein Schatten folgt dir, wo immer du auch hingehst, da das Licht der Sonne von deinem Körper gestoppt wird!

❸ Weil die Zutaten des Teigs im heißen Ofen garen

Um Brot zu backen, vermischt der Bäcker Wasser, Mehl und Hefe. Die Mischung aus Wasser und Mehl setzt Zucker frei. Die Hefe wandelt den Zucker in Kohlendioxid und Alkohol um. Kleine Gasblasen sind im Teig gefangen und der Teig bläht sich auf: Das Brot wird weich. Im Ofen verdampft das Wasser, die Oberfläche härtet sich – und so entsteht die knusprige Kruste!

❸ Weil das Wasser sich bereits drehte, bevor der Stöpsel gezogen wurde

Das Badewasser fließt in einem Strudel ab, weil es seine Runde fortsetzt! Wenn man aus der Badewanne steigt, hat man den Eindruck, das Wasser würde sich nicht bewegen. Doch das Wasser dreht sich bereits, aber so langsam, dass man es nicht sehen kann. Das Wasser dreht sich weiter, wenn man den Stöpsel aus der Wanne zieht. Es bewegt sich immer schneller und schneller und formt einen Strudel.

Und dieser Strudel dreht sich immer in die gleiche Richtung ...

❸ Weil die Seife das Fett einfängt

Sie fängt auch Mikroben und Dreck! Ohne Seife gleitet das Wasser über die Haut und reißt den Schmutz mit sich, aber nicht alle Schmutzteilchen! Und sicher keine Fettflecken, denn Wasser und Fett vermischen sich nicht. In der Seife sind winzige Kügelchen, die Moleküle, die das Fett einfangen. Beim Abspülen verschwinden das Fett sowie die Mikroben im Abfluss. Die wären wir los!

❷ Weil man es nicht trinken darf

Nicht trinkbares Wasser wurde nur einmal gefiltert, um kleine und größere Bestandteile, die es enthält, zu entfernen: Kieselsteinchen, kleine Halme, Erde ... Auch wenn es meist klar aussieht und sauber erscheint, man darf es nicht trinken! Dieses Wasser wurde nicht chemisch behandelt, um die Mikroben abzutöten. Dein Körper würde dieses Wasser nicht mögen!

❶ Um Strom zu sparen

Die Uhr wird umgestellt, damit man weniger Strom verbraucht! Im Sommer geht die Sonne früher auf und später wieder unter. Das Umstellen der Uhren ermöglicht es den Menschen, maximal vom Licht der Sonne zu profitieren und zu vermeiden, dass man das Licht einschalten muss.

❷ Weil er vom Metall des Kühlschranks angezogen wird

Der Magnet hält am Kühlschrank, weil die Wand aus Metall ist. Der Magnet erzeugt eine unsichtbare Kraft, die bestimmte Metalle anzieht oder abstößt, insbesondere Eisen. Wenn man einen Magneten an eine Mauer oder ein Buch hält, passiert nichts, weil ein Ziegel, Gips oder Papier eben nicht aus Metall besteht.

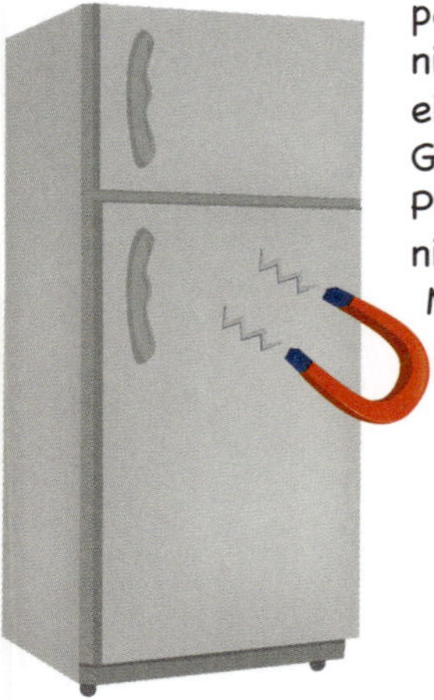

Weil Zwiebeln eine Substanz enthalten, die in den Augen brennt

Man weint beim Zwiebeln schneiden, weil Zwiebeln eine Substanz enthalten, die in den Augen brennt. Schneidet man eine Zwiebel an, steigt diese Substanz auf in Richtung des Gesichts. Sofort reagiert das Auge, indem es anfängt zu tränen. Die Tränen spülen das Auge. Eine Lösung, um nicht weinen zu müssen: Die Zwiebeln unter Wasser schälen, dann vermischt sich die reizerzeugende Substanz mit dem Wasser und kommt gar nicht erst bis zum Auge!

❸ Damit man bestimmte Krankheiten nicht bekommt

Sich impfen zu lassen bedeutet, seinen Körper darauf vorzubereiten, sich gegen einen Angriff von Mikroben zur Wehr zu setzen und andere Menschen vor diesen Mikroben zu schützen. Röteln zum Beispiel sind eine harmlose Krankheit. Dennoch lässt man sich gegen diese Krankheit impfen, denn sofern man erkrankt, kann man damit eine schwangere Frau anstecken, und das kann gefährlich für sie und das Baby sein!

3 Weil der Zufall entscheidet, ob das Baby ein Mädchen oder ein Junge wird

Damit ein Baby entstehen kann, müssen die Samenzellen des Vaters (die Spermien) auf eine Eizelle der Mutter treffen. Die Spermien des Vaters tragen die Markierung (das Chromosom) „Junge" oder „Mädchen". Aber man weiß nie, welche Markierung stärker sein wird. Junge oder Mädchen? Das ist Zufall!

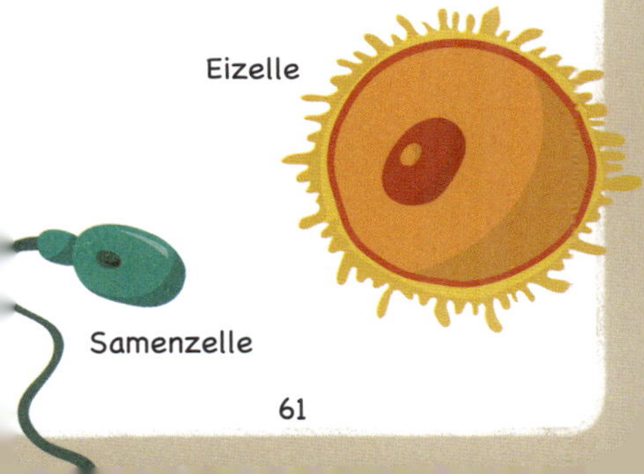

Redewendungen

❶ Um auszudrücken, dass etwas sehr schnell wächst

Man verwendet den Ausdruck „Wie Pilze aus dem Boden schießen", um deutlich zu machen, dass etwas sehr schnell wächst bzw. sich großer Beliebtheit erfreut. Hierbei kann es sich beispielsweise um Freizeitparks handeln, die plötzlich überall in Deutschland eröffnet werden, oder aber auch um Shops im Internet, bei denen deine Mama online deine Anziehsachen bestellt.

Die Redewendung „Alles in Butter!" wird verwendet, wenn man zum Ausdruck bringen möchte, dass alles in Ordnung ist, dass man sich kein Sorgen zu machen braucht.

Dieser Ausdruck stammt aus dem Mittelalter: Hier wurden zerbrechliche Gegenstände in einem Fass mit warmer, flüssiger Butter übergossen. Kühlte die Butter ab, wurde sie hart – und das kostbare Geschirr konnte nicht mehr zerbrechen.

❶ Um zu sagen, dass einer hinter dem anderen in einer Reihe hergehen soll

Man verwendet den Ausdruck „Im Gänsemarsch laufen", wenn man in einer Reihe hintereinander hergehen soll, einer nach dem anderen. Wusstest du schon, dass auch Wölfe – besonders im Winter – im Gänsemarsch durch den Schnee laufen und dabei jeweils in die im Schnee hinterlassenen Fußstapfen des vor ihm laufenden Wolfes treten? Wenn Mama hingegen diesen Ausdruck benutzt, könnte es zum Beispiel sein, dass der Bürgersteig zu eng ist und ihr ihn hintereinander und nicht nebeneinander entlanggehen müsst.

1 Um zu sagen, dass du zu langsam läufst

Eines ist wohl wahr: Enten können mit ihren kleinen Schwimmflossen nicht besonders schnell laufen, vielmehr watscheln sie gemütlich vor sich hin. Manchmal wird die Redewendung „Du bist eine lahme Ente!" auch verwendet, um dich zu mehr Eile anzutreiben, wenn du mal wieder trödelst. Übrigens mögen Enten zwar zu Fuß nicht die Schnellsten sein, doch zu ihrem Glück können sie relativ gut fliegen, sodass sie es den Jägern auf der Entenjagd nicht allzu leicht machen ...

❶ Um zu zeigen, dass jemand sehr neidisch auf mich ist

Das Salz ist das Gewürz, das der Suppe erst ihren guten Geschmack verleiht. Fehlt das Salz, schmeckt die Suppe fade und langweilig. Man könnte beispielsweise sagen „Ein Zoo ohne Tiere ist wie eine Suppe ohne Salz!" – es fehlt das Wichtigste! Wenn du sagst „Er gönnt mir das Salz in der Suppe nicht", so möchtest du damit ausdrücken, dass jemand dir überhaupt nichts gönnt und extrem neidisch auf dich ist.

❶ Um auszudrücken, dass jemandem gerade in diesem Moment ein bestimmtes Wort nicht einfällt

Du kennst das bestimmt auch: Du möchtest deinen Freunden von einem tollen Erlebnis in den Ferien erzählen – doch dann fällt dir einfach nicht mehr ein, wie das Land heißt, in dem du gemeinsam mit deinen Eltern Urlaub gemacht hast. Es war nicht Italien, nicht Spanien – und auch nicht Frankreich. Gleich, gleich fällt dir der Name des Landes wieder ein ... denn er liegt dir auf der Zunge!

❷ Um zu sagen, dass es noch andere wichtige Dinge im Leben gibt

Diese Redewendung stellt die Frage, was ein Mensch zum Leben benötigt. Brot alleine reicht zum Leben nicht aus! Wahrscheinlich fallen dir ziemlich viele Dinge ein, die du neben Brot zusätzlich haben möchtest, so beispielsweise Mama, Papa, deine Freunde, dein Bett, deinen Schrank, Spielsachen, einen Schreibtisch ...

Um auszudrücken, dass jemand mehr auf seinen Teller getan hat, als er essen konnte

Erst wolltest du unbedingt noch mehr Nudeln haben und dann schaffst du es nicht, deinen Teller leer zu essen. Dann waren deine Augen größer als dein Mund, denn du hast nicht so viel geschafft wie du dachtest.

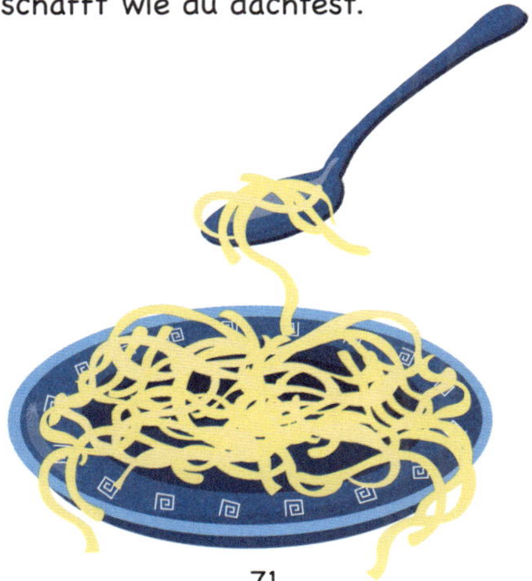

❸ Um jemanden zu überlisten

Man sagt „Er spielte mit ihm Katz und Maus", wenn zum Ausdruck gebracht werden soll, dass man einen anderen überlisten bzw. ihn hinhalten möchte. Versucht z. B. deine kleine Schwester herauszufinden, wo du deine Süßigkeiten versteckt hast, so spielst du mit ihr Katz und Maus, indem du ihr bewusst falsche Hinweise auf das Versteck gibst – und die Süßigkeiten immer wieder woanders versteckst.

❷ Um eine Person zu beschreiben, die wenig isst

Ein bisschen Gemüse, eine kleine Scheibe Schinken, eine Scheibe Brot, ein Joghurt und ein Stückchen Apfel. Diese komplette und ausgewogene, aber wenig reichhaltige Mahlzeit genügt dir, um in Form zu bleiben. Man kann also sagen, dass du wie ein Spatz isst, denn genauso wie dieser kleine Vogel, der sich von einigen kleinen Körnern oder Würmern ernährt, gibst du dich mit wenig zufrieden!

„Die Beine in die Hand nehmen" bedeutet, dass man ganz schnell wegläuft und die Flucht ergreift.

Man kann hierzu auch „Die Füße unter die Arme nehmen" sagen. Wann nimmst du deine Beine in die Hand? Zum Beispiel, wenn du vor etwas wegläufst, vor dem du Angst hast.

❸ Weil man mit schlechter Laune aufgestanden ist

Der Tag hat schlecht angefangen: Seit dem Aufstehen geht alles schief! Jemand der linkisch ist, gilt als ungeschickt. In dem Ausdruck „mit dem linken Fuß zuerst aufstehen" kommt dieses Wort „linkisch" vor. Besser wäre es also, mit dem richtigen (dem rechten) Fuß den Tag zu beginnen, sodass man lächelt, guter Laune ist und Energie hat!

„Der April macht, was er will" weist darauf hin, dass das Wetter in diesem Monat vollkommen unberechenbar ist.

Es handelt sich um eine alte Bauernregel bzw. eine Redensart, die besagt, dass der Winter nun zwar vorbei ist und das Thermometer manchmal sogar auf sommerliche 20 Grad klettern kann. Genauso muss man jedoch damit rechnen, dass es eisig kalt wird und vielleicht sogar Schnee fällt.

Die Erde

❷ Weil das Wasser auf seinem Weg von den Bergen bis zum Meer mit Salz angereichert wird

Das Salz des Meeres stammt aus den Bergen! Die Gebirgsbäche rinnen die Berge hinab – und die Bäche und Flüsse fließen später in das Meer. Die ganze Reise über sammelt das Wasser Salz an, das überall zu finden ist: im Boden, in den Kieselsteinen und in den Felsen. Im Meer angekommen verdunstet das Wasser und es bilden sich Wolken – das Salz jedoch, das bleibt im Meer.

❸ Weil ein Gas, das sich im Erdinneren befindet, entweichen muss

Um die Frage beantworten zu können, muss man wissen, woraus das Zentrum der Erde (der Erdkern) tief unter unseren Füßen besteht. Es handelt sich um eine Mischung aus hartem Gestein und einer kochend heißen Flüssigkeit, die Gase enthält. Diese Gase drücken die Flüssigkeit in den Vulkanen bis zum Krater hoch. Ähnlich wie bei einer geschüttelten Wasserflasche bricht der Vulkan aus und Lava läuft aus dem Vulkan heraus.

❸ Weil kalte und warme Luft im Himmel aufeinandertreffen

Wenn im Himmel eine große Masse kalter Luft (eine Kaltluftströmung) plötzlich auf eine große Masse warmer Luft (eine Warmluftströmung) trifft, entsteht ein Sturm.

Weil die Platten der Erdkruste „Falten geworfen" haben

Die Erde ist mit einer Erdkruste bedeckt, die aus großen Platten besteht. Die Berge sind entstanden, weil sich diese Platten vor Milliarden von Jahren verschoben haben. Um sich besser vorstellen zu können, wie das passiert ist, lege ein Blatt Papier vor dich hin, nimm es an beiden Seiten in die Hand und schiebe deine Hände vorsichtig zusammen. Das Blatt wölbt sich und es bildet sich eine Falte. So entstanden die Berge!

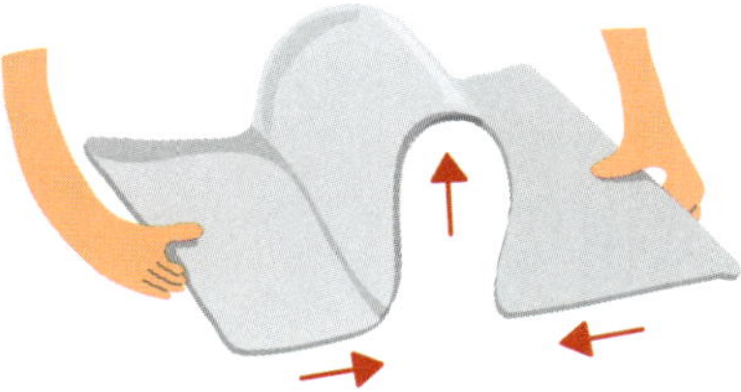

❷ Weil es Wind gibt

Du kannst ganz einfach selber Wellen durch Wind erzeugen! Puste auf die Wasseroberfläche, wenn du in der Badewanne sitzt, und du wirst sehen, dass sich kleine Wellen bilden. Die Höhe der Wellen im Meer hängt davon ab, wie stark der Wind ist und wie lange er weht. Wenn an der Küste der Meeresboden nur sehr langsam ansteigt, kommt die Welle sanft am Strand an. Steigt der Meeresboden plötzlich steil an, wird die Welle nicht abgebremst und bricht an der Küste.

❷ Weil die Platten der Erdkruste sich verhaken und plötzlich wieder lösen

Die Erde ist mit einer Kruste aus großen Platten bedeckt, die die Kontinente (die Teile der Erde, auf denen wir leben) und Ozeane tragen. Auch wenn diese Platten dick und massiv sind, bewegen sie sich ein wenig. Sie reiben aneinander und verhaken sich im Verlauf der Jahre. Und manchmal lassen sie plötzlich wieder voneinander los. Die Erdkruste wird erschüttert und die Erde bebt.

❶ Weil der Wasserdampf, der sich über dem Meer formt, vom Wind in den Himmel gepustet wird

Aufgeheizt von der Sonne verdampft das Wasser im Meer wie das Wasser, das in einem Topf kocht. In der Natur steigt der Wasserdampf (in winzigen Tropfen) zum Himmel hinauf und wird dort zu Wolken, umhergetrieben vom Wind. Wenn diese Tröpfchen zu schwer werden, fallen sie herab: Es regnet! Wenn es friert, verwandeln sich die Tropfen in Kristalle: Es schneit!

❸ Weil sie eine Feuerkugel ist

Die Sonne ist ein Stern wie alle anderen, die nachts am Himmel leuchten. Sterne sind riesige Feuerkugeln. Wir empfinden die Sonne allerdings nur als viel größer und viel heißer als die anderen Sterne, weil sich die Sonne in der Nähe der Erde befindet. Die anderen Sterne hingegen sind sehr weit von unserem Planeten entfernt. Die Sonne schickt ihr Licht und ihre Wärme zur Erde, und erst hierdurch wird das Leben auf unserem Planeten möglich.

Weil die blaue Farbe der Sonnenstrahlen in alle Richtungen verteilt wird

Das weiße Licht der Sonne ist eine Mischung aus den sieben Farben des Regenbogens. Sämtliche Farbstrahlen treffen auf die Atmosphäre, die die Erde umgibt. Einige jedoch, unter ihnen das Blau, werden von den Wassertropfen in alle Richtungen verteilt. Wenn man also in den Himmel schaut, sieht man nur das blaue Licht. Magisch, nicht wahr?

❶ Weil elektrische Entladungen entstehen

Blitze entstehen durch das Zusammentreffen von außergewöhnlich kalter und warmer Luft im Himmel. Es bilden sich schwarze Wolken (das sind Gewitterwolken). Innerhalb dieser Wolken herrschen starke Winde, wodurch Eiskristalle und Regentropfen zusammenstoßen. Dabei entstehen elektrische Ladungen, die sich in Form von Blitzen entladen.

❶ Weil sie Feuerkugeln sind

Ein Stern ist eine Feuerkugel, die Licht produziert. Milliarden Kilometer von uns entfernt im Himmel gibt es Tausende Sterne. Sämtliche Sterne leuchten Tag und Nacht, aber von der Erde aus kann man sie nur nachts sehen. Tagsüber können wir nur einen Stern sehen, der strahlend hell scheint, viel größer ist und sich viel näher an unserem Planeten befindet: die Sonne.

1 Weil die Regentropfen das Sonnenlicht in seine Farben aufspaltet

Regenbögen kann man sehen, wenn es regnet und zur gleichen Zeit am Himmel die Sonne scheint. Das weiße Licht der Sonne setzt sich aus vielen verschiedenen Farben zusammen. Die Regentropfen trennen diese Farben. Man sieht dann am Himmel diese sieben Farben, die im weißen Licht verborgen sind, und zwar immer in derselben Reihenfolge: Rot, Orange, Gelb, Grün, Blau, Indigo und Violett.

er menschliche Körper

Weil er eine sehr schwere Krankheit hat

Tom wird mit einer Chemotherapie behandelt. Das bedeutet, dass er starke Medikamente nimmt, die die kranken Zellen in seinem Körper zerstören. Diese Medikamente sind so stark, dass sie oft Haarausfall am ganzen Körper verursachen.

1 Weil er Probleme mit dem Sehen hat

Oskar sieht nahe Dinge unscharf, Lea sieht weiter entfernte Dinge unscharf und Lola kann nahe und ferne Gegenstände nicht gut erkennen. Alle drei müssen zu einem Augenarzt. Er schaut sich die Augen mit einem Untersuchungsgerät an und verschreibt eine Brille, die die Schwäche der Augen korrigiert. Dank ihrer Brillen können Lea, Lola und Oskar wieder spielen und zur Schule gehen, ohne durch ihre Sehschwäche behindert zu werden.

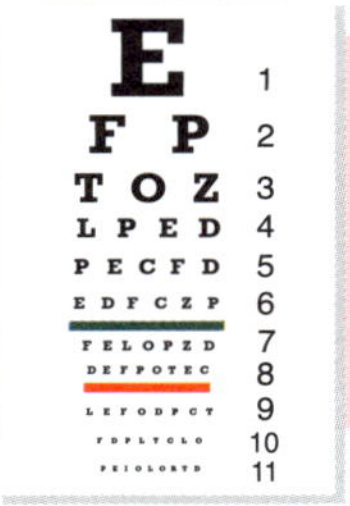

Um zu verhindern, dass du Keime oder Bakterien, die sich auf deinen Händen befinden, hinunterschluckst

Du wirfst dein Taschentuch in den Mülleimer, du spielst auf dem Teppich ... und dann ist es Zeit, essen zu kommen. Auf deinen Händen befindet sich eine unglaubliche Anzahl an unsichtbaren Mikroben und Bakterien. Es ist besser, diese nicht an deinen Mund zu führen, da sie krank machen können. Man kann sie entfernen, indem man sich die Hände mit Seife wäscht.

Weil man sich ausgewogen ernähren sollte, um zu wachsen

Der Körper ist wie eine Maschine, die Nahrung braucht, um funktionieren zu können. Mehrere Lebensmittel sind unverzichtbar: Obst und Gemüse für die Vitamine, Milchprodukte für die Knochen, Fleisch, Eier und Fisch für die Muskeln sowie Butter und Öl in kleinen Mengen. Eine ausgewogene Mahlzeit versorgt deinen Körper mit allen Nährstoffen, die er braucht. Deshalb muss man von allem etwas essen.

Damit der Körper sich ausruhen und das Gehirn die Ereignisse des Tages verarbeiten kann

Im Schlaf sind die Muskeln entspannt, die Atmung geht flach, das Herz schlägt langsamer und die Körpertemperatur sinkt langsam ab. Alles ist langsamer? Nein, nicht das Gehirn! Das Gehirn ordnet und speichert all das, was am Tag passiert ist. Es erfindet sogar neue Ideen. Du siehst: Es ist extrem wichtig, genug zu schlafen!

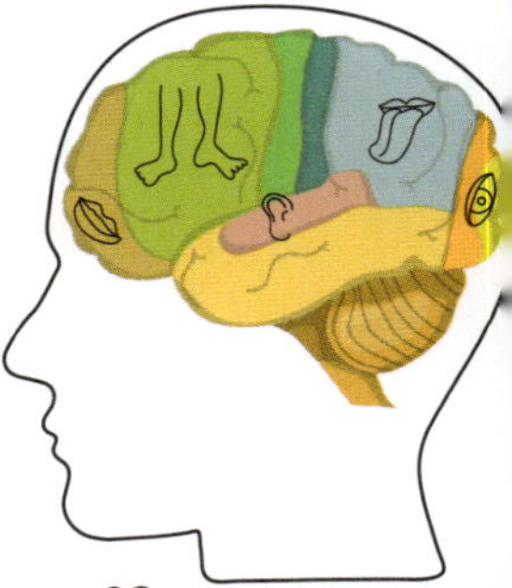

❶ Um Platz zu machen für die bleibenden Zähne

Deine bleibenden Zähne wirst du für immer behalten. Du musst sie also gut pflegen und immer putzen! Du hast 20 Milchzähne. Die Schneidezähne (die Zähne vorne im Mund) fallen normalerweise zuerst aus, meist mit sechs oder sieben Jahren. Die Backenzähne (die Zähne hinten im Mund) fallen später aus, erst mit zwölf oder dreizehn Jahren. Du siehst: Die Milchzähne begleiten dich viele Jahre lang!

❶ Weil der weiße Zahnschmelz empfindlich ist

Mit den Zähnen kauen und zerkleinern wir die Nahrung. Im Mund wandeln Bakterien, das sind winzige Mikroben, den Zucker aus der Nahrung in Säure um. Diese Säure zerstört den Zahnschmelz (das Weiße), der den Zahn schützt. Ein kleines Loch entsteht, das ist Karies. Um das zu verhindern – und dies ist kein Geheimnis – muss man sich nach jeder Mahlzeit die Zähne putzen und regelmäßig zum Zahnarzt gehen!

Um fit zu bleiben!

Der Körper ist wie eine Maschine, die bewegt werden muss. Ohne Anstrengung ermatten Körper und Muskeln. Fußball, Schwimmen, Tanzen, Judo, Mountainbike, Gymnastik ... Nach und nach entwickeln sich die Muskeln, das Herz gewöhnt sich daran, Leistung zu erbringen. Sport kann man in der Schule machen, mit der Familie oder mit seinen Freunden. Das tut gut!

❷ Weil die Gefäße, die das Blut enthalten, empfindlich sind

Das Blut zirkuliert in den Blutgefäßen durch deinen Körper. Es gibt drei Arten von Blutgefäßen: Die Arterien transportieren das Blut vom Herzen weg, die Venen zum Herzen hin; die Kapillaren sind winzig klein und tauschen Sauerstoff aus. Wenn du stürzt oder dich stößt, kann ein bisschen Blut aus diesen Gefäßen austreten. Erst färbt sich die Haut rot, dann blau. Sie kann auch schwarz oder violett werden, das hängt von der Person ab. Später wird die Haut gelb und grün. Bis ein blauer Fleck wieder verschwindet, dauert es mehrere Tage!

❶ Weil das Blut in deinem Körper schneller zirkulieren muss

Muskeln brauchen Sauerstoff, damit sie gut funktionieren können. Wo bekommen sie ihn her? Aus dem Blut! Wenn man sich anstrengt, muss überall im Körper das Blut schneller fließen. Also schlägt auch das Herz schneller. Und so bekommen die Muskeln ihren Sauerstoff. Fertig zum Springen, Klettern oder Laufen?

Man produziert Speichel aus drei Gründen: Er reinigt den Mund, er weicht die Nahrung ein, und er bereitet die Verdauung vor.

Zuerst ist er ein Reinigungsmittel: Er hält den Mund sauber und bekämpft Karies. Dann weicht er die Nahrung ein, damit man sie besser hinunterschlucken kann. Schließlich macht Speichel auch noch die Nahrung leichter verdaulich – und zwar noch bevor sie in den Magen gelangt. Man produziert mit seinen Drüsen, die unter der Zunge liegen, etwa einen Liter Speichel am Tag.

❷ Weil die Verdauung in Gang gesetzt wurde

Der Bauch gluckert während der Verdauung, das heißt während die Nahrung durch deinen Körper wandert. Wenn du zum Beispiel Brot isst, gelangt es von der Speiseröhre aus direkt in den Magen. Dort wird es zu Brei verarbeitet, der in eine lange Röhre geleitet wird, den Darm. Hier werden dem Brei Nährstoffe entzogen, die in das Blut gelangen. Und alles, was für den Körper nicht nützlich ist, kommt aus dem After wieder als Kot bzw. „großes Geschäft" heraus.

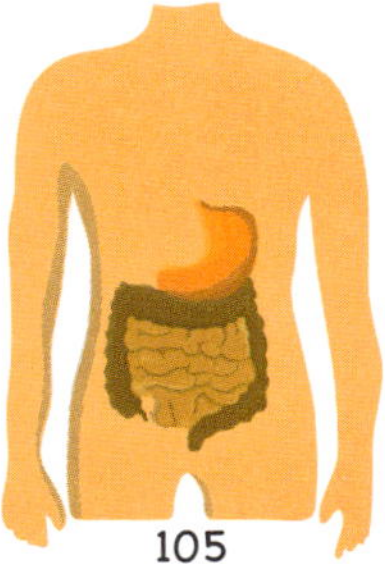

❸ Um die Körpertemperatur zu senken

Die Körpertemperatur des Menschen liegt bei 37 Grad Celsius. Sie steigt, wenn es heiß ist, man sich anstrengt oder krank ist. Sofort beginnt der Körper zu schwitzen. Als winzige Wassertropfen entweicht der Schweiß aus kleinen Öffnungen in der Haut (den Poren), insbesondere auf der Stirn, unter den Achseln und an den Füßen. Und das senkt die Körpertemperatur!

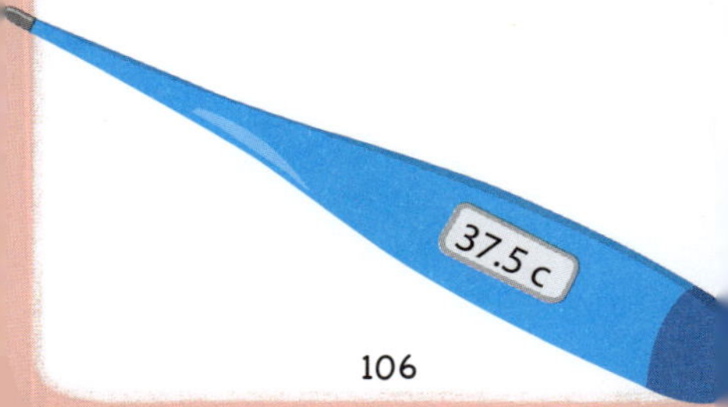

❷ Weil der Körper keinen Farbstoff mehr produziert

Schwarze, braune, blonde oder rote Haare? Ein vom Körper produzierter Farbstoff (das Melanin) bestimmt, welche Haarfarbe man hat. Er wird an den Haarwurzeln produziert. Nach und nach verkümmert die Produktion oder funktioniert gar nicht mehr: Dann werden die Haare weiß. Manchmal erscheinen weiße Haare schon mit 30 Jahren, manchmal erst mit 60 Jahren. Das hängt von der Familie und vom Lebensstil ab (Stress, Krankheit).

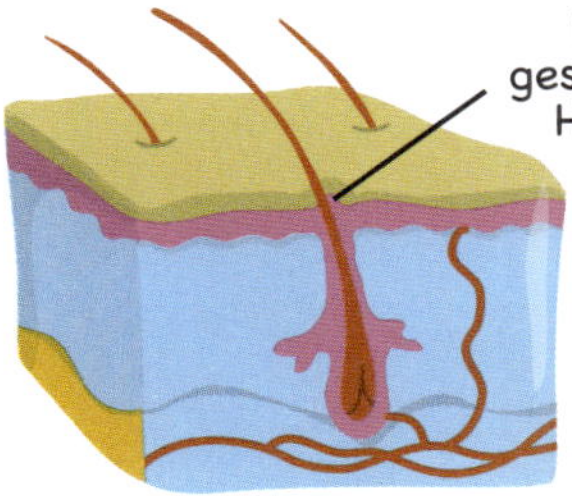

③ Weil sich die Haut des Menschen im Laufe der Zeit an das Klima angepasst hat

Gehen wir zurück in die Urgeschichte ... Die Homo Sapiens, unsere Vorfahren, lebten in Afrika. Über Millionen von Jahre hinweg sind die Stämme gewandert und haben sich an ihren Lebensraum angepasst. So auch die Haut! In den Ländern, in denen die Sonne besonders heiß ist, haben die Völker eine schwarze Haut. In Ländern, in denen die Sonne weniger stark ist, hellt sich die Haut auf. Die Sonne ist die Ursache für die Hautfarbe der Völker!

❶ Um Sauerstoff zu bekommen

Der Körper kann ohne Sauerstoff nicht überleben. Wo bekommt er ihn her? Aus der Luft. Wenn man Luft einatmet, gelangt Sauerstoff in die Lungen, der ins Blut übergeht und die Organe, Zellen und Muskeln „ernährt". Beim Ausatmen gibt der Körper den verbrauchten Sauerstoff (das Kohlendioxid) wieder ab. Beim Schlafen atmet man etwa zwölf bis 15 Mal in der Minute, ohne darüber nachzudenken!

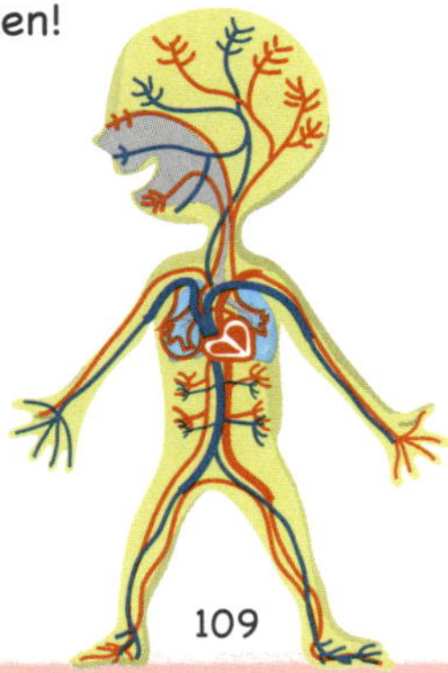

Der Körper produziert Tränen, damit das Auge immer feucht bleibt

Das Öffnen und Schließen der Augen wird somit einfacher! Tränen sind auch ein Desinfektionsmittel, das vor eindringenden Keimen schützt. Staub im Auge? Die Tränen verjagen den Eindringling! Und wenn man traurig oder gerührt ist, kommen einem oftmals die Tränen, denn der Körper produziert jede Menge davon.

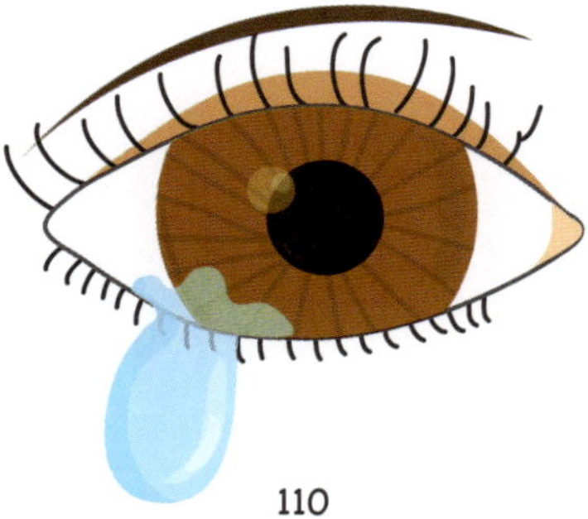

❶ Weil der Körper sagt: Achtung, Müdigkeit!

Meistens gähnt man, wenn man müde oder gelangweilt ist. Gähnen ist eine automatische Reaktion des Körpers, man tut es, ohne darüber nachzudenken. Der Kiefer öffnet sich ganz weit, Luft strömt hinein und entweicht wieder. Das ist das Warnsignal: Man ist müde. Das Geräusch weckt denjenigen, der gerne einschlafen würde, wieder auf. Wusstest du, dass man ungefähr 250.000 Mal in seinem Leben gähnt?

❸ Weil die Luft im Inneren des Körpers vibriert

Während man schläft, atmet man natürlich weiter. Aber da die Muskeln jetzt entspannt sind, nehmen sie etwas mehr Platz ein als normalerweise. Die Luft, die durch die Nase oder den Mund eingeatmet wird, ist manchmal auf ihrem Weg in die Lunge etwas „eingeklemmt", wodurch alles zum Vibrieren gebracht wird: „Rrrr…"!

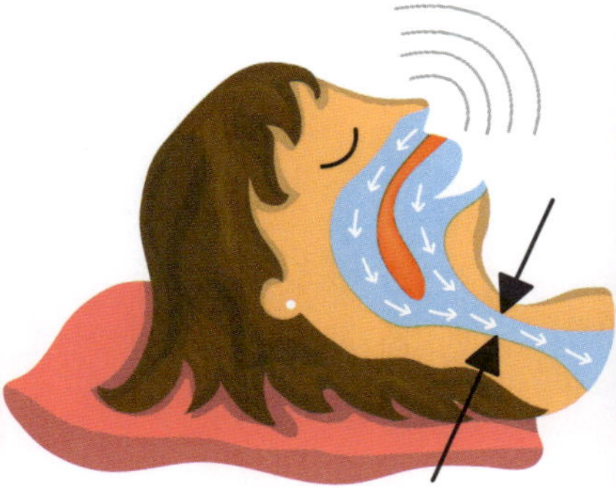

Die Natur

❸ Weil Herbst ist

Bäume mit breiten und flachen Blättern heißen Laubbäume. Im Herbst bereiten sich alle Laubbäume auf ihre Ruhepause vor und hören damit auf, Chlorophyll zu produzieren, das die Blätter grün färbt. Die Blätter werden nach und nach gelb, rot oder orange, bevor sie auf die Erde fallen.

Weil es Nadelbäume sind

Die Bäume, die im Winter nicht ihre Blätter verlieren, gehören zur Familie der Nadelbäume. Sie haben keine Laubblätter, sondern Nadeln. Diese sind schmal, trocken und nadelförmig, wie die der Tanne. Kennst du ihr Geheimnis, um der Kälte zu widerstehen? Ihre feinen Nadeln sind von einer Wachsschicht bedeckt, die sie schützt. Alte Bäume sind weniger gut gewappnet und verlieren ihre Blätter in der kalten Jahreszeit.

❶ Weil Pflanzen zum Leben Wasser brauchen

Mit ihren Wurzeln nehmen Blumen bzw. Pflanzen die Feuchtigkeit in der Erde auf. Wenn man vergisst, sie zu gießen, trocknen sie aus, verwelken und sterben ab. Im Sommer gießt man besser abends, denn tagsüber ist es so heiß, dass das Wasser verdunstet. Das Gießen ist dann weniger wirksam.

Um sich vor den Tieren zu schützen, die sie fressen möchten

Es können die Stängel mit Dornen bedeckt sein, aber auch viele Blätter haben Stacheln oder harte Borsten. Die Natur kennt viele Tricks! Aber diese Tricks funktionieren nicht immer: Die mit Dornen bedeckte Akazie wächst in der Savanne. Und die Giraffe schafft es trotzdem, an ihr zu nagen, ohne sich zu piksen!

Blumen welken, weil sie Lebewesen sind

Blumen werden geboren, wachsen und sterben – so wie der Mensch auch. Ein kleiner Samen keimt und kommt aus der Erde, er wächst und die Blume blüht. Wenn sie stirbt, verblüht sie. Jede Blumenart hat eine unterschiedlich lange Lebensdauer. Bestimmte mehrjährige Pflanzen jedoch blühen jedes Jahr aufs Neue.

❶ Weil sie einen Farbstoff produzieren: das Chlorophyll

Mithilfe des Chlorophylls können Pflanzen nicht nur das Sonnenlicht in Energie, sondern auch Wasser in Nahrung umwandeln. Die Pflanze ernährt sich mithilfe ihrer Wurzeln in der Erde, aber auch durch ihre Blätter! Außerdem wandelt sie schlechtes Gas (das Kohlendioxid) in Sauerstoff um, der für das Leben der Menschen unverzichtbar ist. Unglaublich, oder?

Brennnesseln stechen, um sich zu verteidigen!

Was befindet sich am Ende ihrer gezackten Blätter? Ganz feine Stacheln (sogenannte Brennhaare), die mit einer Art Gift gefüllt sind. Diese Stacheln brennen und reizen die Haut des Menschen, nicht aber Tiere, die ein Fell haben! Ein Trick: Um die Verbrennung durch eine Brennnessel zu lindern, reibe die Quaddel mit einer in Essig getränkten Kompresse ein und spüle anschließend mit Wasser ab.

3 Damit sie stärker werden

Mithilfe einer Heckenschere kann der Gärtner Bäume oder Hecken in Form schneiden. Obstbäume hingegen werden vor allem geschnitten, um sie zu kräftigen. Schneidet man einen Ast ab, wächst er stärker und dicker wieder nach. So bricht er nicht unter dem Gewicht der schweren Früchte ab und diese können bis zum Sommer reifen. Dann wird der Gärtner schöne Früchte ernten!

❷ Um darin ihre Samen zu verstecken

Einige Früchte haben einen Kern, damit daraus wieder neue Bäume wachsen können. Ohne Kern keine Samen! Ohne Samen gibt es keinen Baum und keine Früchte; und ohne Früchte gibt es keinen Kern! In dem Kern befindet sich der Samen, der in der Erde auskeimt und dank Wasser und Licht wachsen kann. Man muss nur geduldig sein und einige Jahre warten, bis man die erste Ernte einbringen kann.

Um sich zu ernähren

Die Wurzeln haben die Aufgabe, Wasser und Mineralsalze zu finden, die den Baum ernähren und ihn wachsen lassen! Sie sorgen außerdem für einen festen Stand des Baumes in der Erde. Ansonsten kann es passieren, dass der Baum beim ersten Windstoß umfällt! Manche Bäume wie die Eiche haben besonders tiefe Wurzeln, bei anderen Bäumen wie beispielsweise der Birke oder der Pinie breiten sich die Wurzeln nah an der Erdoberfläche aus.

❷ Weil die Blütenblätter einen Duft erzeugen, der Insekten anlockt

Viele Blumen riechen gut, weil sie einen Duft erzeugen, der Insekten anlockt. Das Insekt gleitet bis mitten in die Blume hinein, um dort den Nektar aufzunehmen. Hierbei wird das Insekt von Pollen bedeckt. Mit seinem Kommen und Gehen verteilt es so nach und nach diesen gelben Puder auf die anderen Blumen dieser Art. Das wird als Bestäubung bezeichnet, wodurch sich die Blumen fortpflanzen!

❶ Weil sie es schaffen, dort Wasser zu finden

Die Pflanzen passen sich an, um der Hitze, der Sonne und dem trockenen Boden widerstehen zu können. Manche haben Blätter, die zusammengeklappt bleiben, um die Feuchtigkeit zu halten. Andere haben Wurzeln, die sich auf der Oberfläche ausbreiten, um den kleinsten Tautropfen aufzufangen. Auch gibt es Wurzeln, die tief ins Erdreich wachsen, um unterirdisch Wasser zu sammeln. Manche Pflanzen speichern Wasser für Trockenzeiten in ihren fleischigen Blättern. So hat jede Pflanze ihre Taktik!